LA

CAMPAGNE ÉLECTORALE DE 1789

EN BOURGOGNE

PAR

AUGUSTIN COCHIN ET CH. CHARPENTIER

LIBRAIRIE SPÉCIALE POUR L'HISTOIRE

HONORÉ CHAMPION, Éditeur

9, QUAI VOLTAIRE — PARIS (VI)

1904

LA CAMPAGNE ÉLECTORALE DE 1789

EN BOURGOGNE

EXTRAIT DE *L'ACTION FRANÇAISE*

Le 3

LA

CAMPAGNE ÉLECTORALE DE 1789

EN BOURGOGNE

PAR

AUGUSTIN COCHIN et CH. CHARPENTIER

———

LIBRAIRIE SPÉCIALE POUR L'HISTOIRE

HONORÉ CHAMPION, Éditeur

9, QUAI VOLTAIRE, 9. — PARIS (VIIᵉ)

—

1904

LA CAMPAGNE ÉLECTORALE DE 1789

EN BOURGOGNE

I

Peut-on donner le nom de campagne électorale aux efforts que fit le Tiers Etat de novembre 1788 à mars 1789, pour obtenir une loi électorale d'abord, puis des élus de son choix ? A première vue, il semble que non : une campagne électorale est menée par un parti ; et un parti a des cadres, des chefs, un programme, un nom. Or, on ne voit rien de tel en 89 : la nation paraît se lever d'elle-même, agir de son propre mouvement, sans rien devoir aux talents ni à l'autorité de personne. Dans cet âge d'or du suffrage populaire, le peuple semble se passer de conseil, toute initiative comme tous pouvoirs viennent de lui. On lui voit des porte-paroles, jamais de chefs reconnus et avoués. Il s'assemble sans être convoqué, signe des requêtes sans qu'on sache d'où elles viennent, nomme des députés sans avoir entendu de candidats, se soulève sans suivre personne.

Et pourtant cette armée sans officiers manœuvre avec un ensemble étonnant : on voit les mêmes démarches se faire au même moment dans des provinces que séparent mœurs, intérêts, régime, dialectes même, sans parler des douanes et des mauvais chemins. En novembre 1788, toute la France demande le doublement du Tiers aux Etats ; en janvier, le vote par tête ; en mars, toute la France envoie aux Etats des doléances si semblables qu'on les croirait rédigées sur le même canevas, par le même pamphlétaire philosophe : car les paysans eux aussi parlent philosophie dans leurs cahiers, pour rester à l'unisson. Au milieu de juillet, au moment de la « Grande Peur », toute la France se croit menacée par des brigands et prend les armes; à la fin du mois, toute la France se rassure : il n'y avait pas de brigands. Mais la garde nationale était sortie de terre en cinq jours, elle obéissait au mot d'ordre des clubs, et les communes restent armées.

Et ce ne sont là que les grandes étapes du mouvement : même ensemble dans les détails. Si on voit une commune signer une requête au roi, « ce nouvel Henri IV », et à M. Necker « notre Sully », on peut être sûr de trouver les habitants de telle autre commune, à l'autre bout du royaume, occupés à rédiger la même requête précédée du même compliment. Les Français d'alors semblent obéir à une sorte d'harmonie préétablie, qui leur fait faire les mêmes actes et prononcer les mêmes paroles partout en même temps; et qui connaît les faits et gestes de tels bourgeois du Dauphiné ou de l'Auvergne, sait l'histoire de toutes les villes de France au même moment.

Ainsi, dans cette singulière campagne, tout se passe comme si la France entière obéissait au mot d'ordre du mieux monté des partis, et on ne voit pas de partis.

Il y a là un phénomène étrange qu'on n'a peut-être pas assez expliqué. Car il ne suffit pas de dire que la France d'alors était unanime, et tous les Français révolutionnaires : la communauté des idées ne rend pas compte du concert des actes. Ce concert suppose une entente, une organisation quelconque : tous les Français étaient du complot, soit : mais il y avait un complot. Comment et par qui fut-il formé ? Nous allons essayer de nous en faire une idée en suivant pas à pas les progrès de la Révolution à Dijon et en Bourgogne pendant les six mois qui ont précédé les Etats généraux (1).

**

Quelques mots d'abord sur la situation du ministère et l'état de l'opinion à la fin de l'automne 1788.

Après une furieuse campagne, le Parlement avait atteint son but : le roi, à bout de moyens, renvoyait Brienne, accordait les Etats ; et les parlementaires exilés depuis cinq mois, rentraient en triomphe au palais. Leurs désirs n'allaient pas plus loin ; là aussi finit leur rôle. Il parut alors que ces fiers magistrats n'étaient rien par eux-mêmes, et qu'ils servaient sans le savoir d'instruments à des visées plus hardies que les leurs.

(1) Cette étude est tirée : 1° de la correspondance de M. Amelot, intendant de Bourgogne, et de M. de la Tour du Pin-Gouvernet, commandant militaire de la province, avec les ministres Necker et Villedeuil ; 2° des requêtes, délibérations, procès-verbaux, etc... publiés par le Tiers et la noblesse et envoyés soit par leurs auteurs, soit par le parti adverse à Versailles, de novembre 1788 à mars 1789 (Arch. Nat. Ba 16, 31, 36, 37, et H 217. Bibl. Nat., série L).

Il est certain qu'on aurait pu compléter utilement ce travail aux archives municipales de Dijon, Chalon, Autun et d'autres villes encore, et aussi aux archives de la Côte-d'Or. Cependant les documents dont nous avons parlé, forment un ensemble assez complet pour donner, sans lacune grave, toute la série des incidents de la campagne.

En effet, ces prétendus meneurs désarmés, leurs troupes continuaient la bataille avec le même ensemble et la même furie. On avait obtenu les États généraux : il s'agissait maintenant d'y faire la loi — et la tempête des pamphlets anonymes se remet à souffler de plus belle.

L'élection au scrutin, le doublement du Tiers, le vote par tête, telles sont les nouvelles demandes du Tiers. On le voit, la Révolution levait le masque ; le Parlement, assagi tout à coup, en frémit d'indignation : les exigences du Tiers allaient à enlever leur existence politique aux premiers ordres, à ruiner l'équilibre de l'État, à ébranler les colonnes de la monarchie. Mêmes raisonnables d'ailleurs, le roi ne devait pas les entendre : la forme des États était réglée par des lois séculaires. Le roi ne souffrirait pas, non qu'on les changeât, mais même qu'on les discutât.

Cette position était fort défendable : le roi l'abandonna de lui-même, sur les instances de M. Necker, en demandant leur avis aux notables. Consulter les notables, c'était reconnaître l'insuffisance des anciennes formes, et, chose plus grave, le droit de la nation à les changer. Ce principe admis, le parti révolutionnaire se chargeait d'en tirer les conséquences.

On vit alors un étrange spectacle : à la fin de novembre 1788, des bruits inquiétants circulent sur la décision des notables qui auraient voté contre le doublement du Tiers aux États généraux. Aussitôt, dans des centaines de villes et de bourgs, le Tiers s'assemble ; et de tous les coins du royaume arrivent à Versailles des centaines de requêtes conçues dans les mêmes termes et demandant les mêmes choses : élection au scrutin, doublement, vote par tête. C'est le premier épisode d'une campagne qui ne laissera plus un jour de répit au gouvernement jusqu'au triomphe du Tiers, à la prise de la Bastille.

.

Vers ce temps, dans la ville de Dijon, un groupe d'une vingtaine de personnes se fait remarquer par son grand souci des intérêts du Tiers État. Ce groupe est pourtant très discret : à la différence de bien des comités électoraux de nos jours, il ne se fait connaître que par ses œuvres. Il n'a pas de nom, pas d'état connu, ne nous fait jamais part de ses réunions ni de ses projets, ne se met jamais en avant et ne risque jamais une démarche publique sans se couvrir de l'autorité d'un corps constitué. Mais comme il est très actif, que rien en fait ne se passe sans lui, que toutes les idées viennent de lui, et qu'il se trouve, on ne sait comment, toujours chargé de les mener à bien ; comme il correspond enfin avec beaucoup d'autres groupes de même espèce dans les villes de la province, nous pouvons suivre sa trace sans trop de peine.

Il se compose de médecins, de chirurgiens, d'hommes de loi surtout, avocats, procureurs, notaires, tous petits bourgeois obscurs, dont plusieurs se firent nommer députés du Tiers aux États, mais dont aucun ne laissa un nom. Les plus remuants sont le médecin Durande, le chirurgien Hoin, le procureur Gillotte, les avocats Durande, Navier, Volfius, Minard, Morellet, Larché, Gouget, Arnoult, le procureur syndic de la ville, Trullard (1).

(1) Durande, Navier, Volfius et Minard avaient administré le collège des Jésuites après l'expulsion des Pères à la fin du règne précédent. Volfius, Durande et Arnoult furent nommés député

Comme tous les groupes semblables, c'est dans les premiers jours de décembre 1788 que celui-ci commence sa campagne.

Il s'agit de faire proposer aux corporations par le maire, puis envoyer au roi au nom du Tiers de la ville, la requête dont nous avons parlé. Or la première condition, pour se faire entendre de l'autorité et de l'opinion, était de parler au nom d'un corps constitué : les particuliers ne sont rien alors ; les corps seuls sont écoutés.

Les avocats de la cabale font donc réunir leur ordre par le bâtonnier Morin le 3 décembre. L'un des meneurs, Volfius, prend la parole : un grand procès, dit-il, est engagé entre le Tiers et les privilégiés ; toutes les provinces y prennent part ; l'ordre des avocats de Dijon ne peut rester indifférent. On a assez parlé : il faut agir, imiter Metz et le Dauphiné, soulever et diriger l'opinion. « Le « sort non seulement de la génération présente, « mais de toute la race plébéienne... dépend de ce « qui va être décidé. Si elle perd sa cause, si elle « l'abandonne à elle-même, c'en est fait pour « jamais ou pour des siècles. Elle tombe sous l'aris- « tocratie des deux ordres ligués contre elle pour « la tenir dans l'oppression et ses chaînes ne « pourront plus être rompues »... et pour conclure, l'orateur propose un plan d'action, qui est adopté (1).

Y eut-il des opposants ? On peut le croire, puisque quatre mois plus tard près de 40 avocats sur 130 s'abstinrent de voter avec leur ordre — et peu

aux Etats généraux, où ils votèrent constamment avec le centre gauche. Volfius avait un frère prêtre et professeur de philosophie qui fut nommé évêque et prêta le serment en 1791.

(1) Bibl. Nat. L^b 39, 806.

importe d'ailleurs : le plan est approuvé, Volfius et les meneurs commis pour l'exécuter ; ils ont désormais entre les mains les pouvoirs de l'ordre. Les opposants ne seront plus que « quelques particuliers » ; on négligera de les inviter aux réunions de l'ordre, et s'ils se plaignent, la peur des placards, des lettres anonymes et les injures des jeunes clercs les feront taire.

Cependant le plan de Volfius est mis à exécution : 1° un projet de requête au roi ; 2° un résumé des démarches à faire pour obtenir l'adhésion de la province, sont élaborés par le comité des avocats.

La requête est semblable et pour la forme et pour le fond à celles qui se rédigeaient de la même manière dans toutes les villes du Royaume : c'est un morceau en beau style, composé, dit-on, sur le désir exprès du roi, et suivant le vœu de la France entière, plein d'une tendresse plus bruyante que respectueuse pour le roi, d'éloges pour M. Necker, d'une haine savamment contenue contre la noblesse et le clergé, d'une admiration débordante pour le Tiers, « cet ordre précieux », et d'une pitié déclamatoire pour ses misères. Et ces idées générales mènent comme partout à quatre demandes précises : le doublement du Tiers, le vote par tête aux Etats généraux ; les mêmes réformes aux Etats de la province; et, aux élections du Tiers, la défense de nommer un seigneur ou même le fermier ou l'agent d'un seigneur.

Quant aux moyens à employer pour atteindre ces fins, on décide : de faire approuver la requête aux Echevins et au vicomte Mayeur; de l'envoyer en leur nom au roi, à M. Necker, à l'intendant, au gouverneur militaire — et d'autre part aux villes de la province et du royaume, qui seront priées

d'en faire une semblable et de la répandre de la
même manière.

Ces points établis, on entreprend les autres
corporations : plan et requête sont adoptés par
les médecins et les chirurgiens le 5 décembre ;
par les procureurs au bailliage le 6 ; par les notaires
le 8 ; le 9 par les procureurs au Parlement, les
procureurs à la chambre des comptes, les tanneurs
et les écrivains ; le 10 par les apothicaires, les
horlogers, les épiciers, les perruquiers (1). Comment votèrent ces petites assemblées ? D'enthousiasme, ou après une discussion ? Furent-elles
unanimes ou partagées ? Nous ne connaissons que
leurs dates ; mais ces dates ont leur intérêt. On
voit avec quelle tactique procédait le parti dès ses
premiers pas : des naïfs auraient prié le maire
d'assembler le corps de ville, et de lui soumettre
leur projet de requête. Mais le maire pouvait refuser ; de plus une assemblée nombreuse a des
retours imprévus et se mène mal. Le comité des
avocats préfère appeler les corps un à un, à petit
bruit, en commençant par ceux où il a le plus d'amis,
les médecins et les gens de palais : de cette manière
des minorités importantes, des majorités même
peuvent être surprises et éliminées discrètement,
sans avoir eu le temps de se reconnaître ni de s'unir.
Puis le faisceau des adhésions grossissant, l'assu-
rance augmente : on convoque des corporations
moins voisines du Palais, et en plus grand nombre ; elles se trouvent en présence d'une requête
toute prête, « cut and dried », comme disent les
agents électoraux en Angleterre — et déjà votée
par des corps influents ; quelques membres sont

(1) Bibl. Nat. L^b 39, 843.

d'intelligence avec les avocats ; on pèse sur la décision des autres de tout le poids des adhésions obtenues ; et ils votent : c'est la tactique de la boule de neige.

Le 10 décembre, treize corps avaient adhéré. C'était peu dans une ville qui en comptait plus de cinquante. Mais le Parlement prenait l'éveil, comme nous le verrons plus loin : les avocats jugèrent le moment venu d'aborder la seconde partie de leur plan. Jusque-là, les assemblées des corps sont censées individuelles et spontanées. Elles sont provoquées, sans doute, par les avocats, mais officieusement ; ils ne tiennent pas à se donner une importance illégale, qui eût fait des jaloux et inquiété le pouvoir, en proposant eux-mêmes leur plan. Cette consultation du corps de ville, le maire et les échevins seuls peuvent la faire.

Or, à l'hôtel de ville, la cabale a pour elle Trullard, le procureur syndic, un de ses meneurs. Le vicomte Mayeur, M. Mounier, est de cœur avec le Parlement, mais il a peur des avocats et prend le parti de tomber malade. Quant aux échevins, Trullard les réunit à l'hôtel de ville, le dimanche 11 décembre, et leur soumet un projet de requête insidieux, tout semblable à celui des avocats, à une différence près : l'article le plus important est omis ; on ne dit mot du vote par tête. Les échevins approuvent. Aussitôt les députés de l'ordre des avocats se présentent à la porte de la salle, suivis des délégués des treize corporations consultées les jours précédents, et de sept autres gagnées le matin même. Ils n'étaient pas convoqués et le maire était absent : on les admet pourtant, pêle-mêle avec une cinquantaine de citoyens zélés. Trullard se lève, et propose au nom du corps de ville, la requête écourtée qu'il venait de faire signer aux échevins. Arnoult, syndic des avocats, prend alors la parole au nom de son ordre, déclare adhérer au projet des échevins, et sous prétexte de le répéter, le complète en y remettant l'article du vote par tête. Le tour est joué : les assistants acclament en tumulte. Le comité des avocats reçoit tous pouvoirs pour exécuter les décisions de l'assemblée, et les échevins n'osent rien dire.

Pas un article de la requête ni un membre du comité n'avait changé ; mais la requête ratifiée tant bien que mal par les échevins et les corporations était devenue « le vœu librement émis du Tiers de la ville de Dijon », et le comité des avocats l'envoyait, sous ce titre imposant, aux autres villes de la province, en les invitant de la part du vicomte Mayeur (1) à suivre l'exemple de la capitale : rien n'était plus légal et plus correct.

II

La tactique des avocats de Dijon, ou, pour parler leur langage, « leur plan » ou « les moyens qu'ils ont frayés avec autant de clarté que d'énergie (2) », sont, on l'a vu, plus savamment combinés que simples ou naturels. On ne se figure pas ainsi les

(1) Le vicomte Mayeur n'avait pourtant pas signé la délibération du 11 décembre ; dès la fin du mois, au moment même où les avocats se servaient de son nom pour entraîner l'adhésion des villes, il appuyait contre eux le parti de la noblesse ; et, à la fin du mois suivant, les pamphlets des avocats le traînaient dans la boue.

(2) « Le plan », « les moyens » ; les gens du parti emploient ces mots absolument, sans explication, et leur donnent un sens

premiers efforts d'un peuple exaspéré pour rompre
ses chaînes. Et pourtant ces mêmes « moyens »
si compliqués furent employés au même moment et dans le même but, sur les avis du comité
de Dijon, par d'autres groupes semblables d'avocats et de médecins, dans une quinzaine de villes
de Bourgogne.

En effet, le Tiers de Dijon gagné, il s'agissait
d'obtenir l'adhésion de la province entière : on
tenta en grand pour les villes, puis pour la province, ce qu'on avait fait en petit pour les corporations puis pour la ville de Dijon. Comment fut
menée cette campagne? d'où vint l'impulsion
première? quel fut l'accueil des peuples? C'est ce
qu'il importe le plus de savoir; et c'est justement
ce que les procès-verbaux d'assemblées et les fac-
tums qu'elles envoyaient au roi, notre unique
source de renseignements, devaient taire avec le
plus de soin : car le premier mérite de ces requêtes était de paraître spontanées, unanimes,
c'est-à-dire en quelque manière régulières; tout ce
qui sentait soit le complot, soit les dissentiments,
devait être laissé dans l'ombre.

Cependant la marche fut partout la même; les
procès-verbaux sont nombreux, et pas tous dis-
crets : on peut donc les compléter l'un par l'autre
et suivre assez bien la campagne dans ses différentes phases.

Travail secret d'abord, que les procès-verbaux
laissent pourtant deviner : le groupe révolution-

---

précis qu'ils n'ont pas dans le langage courant; on dit : « adopter
le plan des avocats », « adhérer à leurs moyens ». Cela signifie :
se soumettre à leur mot d'ordre, entreprendre, à leur exemple,
la série de manœuvres si bien suivies qu'ils venaient d'exécuter
à Dijon.

naire entreprend la conquête en détail des corporations, d'après la méthode du comité de Dijon,
et s'entend avec lui sur la marche à suivre. Sans
doute, dit un des meneurs du groupe d'Autun, on
a l'intention « de convoquer le Tiers du bailliage
« de la manière la plus régulière et la plus gé-
« nérale qu'il sera possible ». Mais il est nécessaire auparavant « de concerter avec le Tiers Etat
« de Dijon les objets principaux de nos réclama-
« tions et les moyens de réunir les vœux dans
« cette partie de la province ». Et ces moyens,
comme on le voit dans le procès-verbal d'Autun (1), plus explicite que les autres, sont mûre-
ment examinés : au sujet de la requête elle-
même, on convient de ne pas trop développer et
de s'en tenir aux objets les plus prochains ; doublement du Tiers, vote par tête, exclusion des
nobles aux élections du Tiers; sans doute, il n'y a
rien à craindre de la part du roi : mais il faut se
garder d'inquiéter la noblesse et le clergé. Et d'ailleurs, ces réformes obtenues, le reste viendra de soi.

Autre question délicate : doit-on exiger ces
réformes sur-le-champ, pour les prochains Etats
de Bourgogne, — et alors il faudrait que le Tiers
de la province s'unisse ouvertement, et péti-
tionne en corps; ou seulement pour un avenir
indéterminé, — et alors les requêtes isolées des
villes suffiraient? On semble avoir balancé un
moment. D'un côté, l'exemple de Vizille était
séduisant. Mais, d'autre part, une partie de la
noblesse bourguignonne s'inquiétait de ces menées, comme nous le verrons, se concertait de son
côté, et, pour s'attacher l'opinion, proposait, elle

(1) Archives nationales, Bᵃ 16.

aussi, un plan de réforme des États, fort acceptable pour un public encore indécis : or, un compromis était pire qu'un échec. On s'en tint donc au plus court et au plus prudent : demander simplement au roi d'ajourner les États et laisser chaque ville faire sa requête à part.

Mais ces pourparlers prenaient du temps : l'Assemblée générale du Tiers ne put être convoquée à Autun que le 24 décembre, après quinze jours d'allées et venues entre les comités.

Quant aux « moyens de réunir les vocaux » et de travailler les corporations, ils sont partout les mêmes qu'à Dijon. Dans les principales villes, l'ordre des avocats se réunit d'abord, puis les autres corps de loi sur son initiative, et, en général, un à un ; puis les corporations. Dans les petites villes, on s'assure l'adhésion personnelle de quelques notables. Partout l'Assemblée est préparée, la requête rédigée d'avance par ceux du parti.

La requête prête, les corporations à point, on se décide à affronter l'Assemblée générale : c'est ici que commencent les démarches légales, avouées, et que nous passons des coulisses sur la scène. Le procureur syndic, avocat, et cabalé en général (1), a reçu, à point nommé, la requête et le procès-verbal de l'Assemblée de Dijon, envoyés toujours par les avocats de Dijon, mais de la part du vicomte Mayeur et au nom du Tiers de la ville. Il en fait part au corps de ville, et requiert une

---

(1) Quand il ne l'est pas, on se passe de lui ; à Nuits, par exemple, où les deux avocats Joly et Gillotte vont demander au maire d'assembler le Tiers.

2

— Assemblée générale pour délibérer, à l'exemple de Dijon, sur un si grand objet. Comment fut-il reçu du maire et des échevins? Souvent mal, sans doute, puisque la liste des villes adhérentes est assez courte; — presque jamais chaudement : en général, les échevins se bornent à laisser faire comme à Dijon.

Cependant, l'Assemblée générale des corps et corporations est convoquée pour le lendemain ou les jours suivants : c'est la première Assemblée populaire qui ait un caractère vraiment révolutionnaire, malgré la forme platonique de ses requêtes. Il faut l'étudier de près.

Le procureur syndic fait convoquer les habitants le plus tôt possible : en effet, s'il a fallu plusieurs jours pour grouper les amis et récolter des adhésions, il convient de brusquer les choses en présence du public. Il ne faut pas qu'un parti contraire ait le temps de se former.

Le nombre, la qualité des comparants varie beaucoup : le parti se trouve, pour la première fois, hors de son milieu, devant la foule. Il est obligé de louvoyer, de se prêter aux circonstances. On peut faire pourtant quelques remarques générales :

On est étonné d'abord du petit nombre des assistants : 160 à Beaune, 170 à Saint-Jean-de-Losne, une trentaine à Nuits, 200 à Châtillon-sur-Seine, 200 à Arnay-le-Duc, 15 à Mont-Saint-Vincent, 90 à Toulon-sur-Arroux, 24 à Vitteaux, 51, du moins ayant signé, à Bourbon-Lancy. On dira qu'une partie de ces adhérents sont des députés de corporation et que chacun d'eux représente un groupe d'habitants. Cependant partout, sauf peut-être à Nuits, la composition de l'Assemblée est équivoque : entre, délibère et adhère qui veut, les particuliers pêle-mêle avec les députés, les commettants avec les commis, les journaliers avec les notables. Des ouvriers et des paysans envahissent la salle à Beaune, à Bourbon, à Châtillon, à Arnay, à Toulon, à Saint-Jean-de-Losne, où près du tiers de l'assistance ne sait pas signer. Ce caractère mal défini de l'Assemblée était conforme aux vues du parti ; elle est, en principe, une Assemblée de notables : on pourra donc, sous ce prétexte, se dispenser d'y inviter la masse des indifférents ou des opposants. Mais elle n'est pas prise assez au sérieux pour que les zélés, et du plus bas peuple, ne puissent forcer la consigne. Nous pouvons donc la considérer comme ouverte et générale, et du moins tout le parti révolutionnaire dut y figurer au grand complet.

Quant aux classes aisées, les deux premiers ordres, rarement convoqués, ne sont presque jamais présents : la noblesse ne vient pas, ni les anoblis, ni les magistrats royaux, c'est-à-dire toute la haute bourgeoisie. Le clergé ne paraît qu'à Saint-Jean-de-Losne, où le curé Tissier prononce d'ailleurs un discours fort modéré sans dire mot du vote par tête. Dans les rangs du Tiers, les bourgeois, négociants et marchands sont rares : on en voit quelques-uns à Arnay-le-Duc et à Bourbon, mais 12 seulement à Beaune, 8 à Saint-Jean-de-Losne, dont deux portent le nom des plus ardents robins, aucun à Nuits, 5 ou 6 à Châtillon-sur-Seine. Le nerf du parti est dans la robe et les corps qui en dépendent, et les meneurs parmi les gens de loi et les médecins, presque toujours en nombre et toujours au premier plan.

Ils sont 14 à Saint-Jean-de-Losne, 6 à Nuits, 23 à Châtillon, 33 à Arnay, 30 à Montcenis. Les chefs sont partout des avocats : Oudri et Hernoux à Saint-Jean, Joly et Gillotte à Nuits, Cléry à Châtillon, Guiot et Théveneau à Arnay, Serpillon et Delatoison à Autun, Garchery à Montcenis.

En somme, nous voyons, d'un côté, des gens cabalés, robins pour la plupart, avec leurs parents et amis; de l'autre, un public du petit peuple, déjà travaillé en secret, et toujours facile à séduire par la logique si simple des idées révolutionnaires; et, entre les deux, le maire, les échevins et quelques notables indécis et débordés.

L'assemblée ouverte par quelques mots du maire, le procureur syndic pose cette question aux députés des corps, pris de court, s'ils ne sont prévenus et gagnés : comment la nation sera-t-elle représentée aux Etats généraux? Paysans et artisans ne trouvant rien à répondre, un avocat se lève, et soumet respectueusement à l'assemblée la requête de son ordre à laquelle ont déjà adhéré les premiers corps, c'est-à-dire une quinzaine de notaires, de procureurs et de médecins, quelquefois le curé, qui sont là, circulent dans la salle et applaudissent où il faut. Le préambule de cette requête est un développement sur ce thème : la nation se compose de deux ordres et non de trois : l'ordre des privilégiés, qui a tous les honneurs, tous les biens et toutes les exemptions,—l'ordre du Tiers, qui n'a rien, et paye tout. Les privilégiés sont deux cent mille, — les membres du Tiers, 24 millions. — Conclusion : le Tiers demande le suffrage égal aux assemblées, c'est-à-dire : aux Etats généraux, le vote par tête, le doublement, et l'élection des députés du Tiers par leurs pairs.

Aux États provinciaux, les mêmes réformes; il décide d'envoyer la présente requête au roi et à M. Necker, et d'en faire part aux autres villes. Tel est le canevas invariable sur lequel brodait l'orateur du parti avec plus ou moins d'éloquence. Si le curé est là, on ajoute un article pour demander que les curés soient représentés. Si la ville est trop petite pour espérer une députation séparée, on demande que les grandes villes en soient privées aussi : mais ce sont là des vœux incidents, des manœuvres du parti pour obtenir plus d'adhésions aux cinq articles, et mettre de son côté les intérêts de clocher.

On rassure enfin les timides en leur lisant les requêtes communiquées par d'autres villes, « pour que l'on ne puisse douter du vœu général ». L'assemblée se rend à des raisonnements si forts, elle adhère par acclamation, sans discuter ni voter, et la requête s'en retourne à Dijon telle qu'elle en était venue quinze jours auparavant, mais décorée du titre de « Vœu de la ville de ***. »

Dans les bourgs, la mise en scène est plus simple : le procureur syndic se contente de déclarer que plusieurs villes lui ont fait part de leurs requêtes, puis de lire celle de Dijon, et de requérir l'adhésion des assistants d'une manière souvent péremptoire.

Tels furent les efforts et les succès de ce qu'on appelait « le parti des Avocats », dans une quinzaine (1) de villes et de bourgs des environs de

(1) Les cartons des archives contiennent 14 de ces requêtes. Il faut y joindre celle de Saint-Jean-de-Losne, (Bibl. Nat. Lb. 39/900). On n'a pas de raison de les croire beaucoup plus nombreuses. En janvier et février le mouvement avait pris une force bien plus grande : et pourtant le nombre des villes adhérentes ne dépasse pas 20.

Dijon, d'Autun et de Chalon à la fin de décembre 1788.

Ces villes sont pour la région d'Autun, Montcenis qui adhéra le 4 janvier; Bourbon-Lancy, le 27 décembre; Toulon-sur-Arroux, le 23; Mont-Saint-Vincent, le 26; Autun, le 25.

Dans les environs de Dijon, Is-sur-Ville et Pontailler adhèrent dans les derniers jours de décembre; Saint-Jean-sur-Losne, Bagneux-les-Juifs et Vitteaux, le 28; Châtillon-sur-Seine, le 21; Arnay-le-Duc, le 4 janvier.

Entre Dijon et Chalon, Nuits, le 31 décembre; Beaune, le 12 janvier seulement: mais l'assemblée se préparait depuis le 22 décembre au moins; enfin Chalon, le 12 décembre.

III

Les avocats de Dijon avaient dû brusquer les choses le 11 décembre au risque de froisser l'opinion. Ils avaient assemblé les corporations irrégulièrement, et avant de les avoir toutes gagnées; c'est qu'un parti contraire se formait, qui leur donna une chaude alarme et faillit déjouer leurs manœuvres.

Le 13 décembre, dix-neuf gentilshommes de Dijon s'assemblent, nomment un président, le comte de Vienne, deux secrétaires, le baron de Meurville et le comte de Bataille-Mandelot, et se concertent secrètement pour enrayer à tout prix le progrès des révolutionnaires. L'effroi et les efforts désespérés de ces quelques hommes, la clairvoyance avec laquelle ils annoncent les catastrophes prochaines sont d'autant plus frappants que personne

autour d'eux ne semblait même comprendre leurs
terreurs. En effet les menées des avocats ne trou-
blaient en rien la quiétude des hautes classes :
quel mal pouvaient faire les requêtes peu mesu-
rées de quelques gens de lois? Les notables
s'étaient prononcés contre le doublement du Tiers ;
et d'ailleurs le roi était le maître, et sa popula-
rité semblait même croître chaque jour. Quant à
l'Intendant, M. Amelot, protégé de Necker, il
était ami des philosophes et voyait les efforts des
avocats avec une indulgente bienveillance.

D'où venait donc ce nouveau parti, seul éveillé
et armé au milieu de ce monde endormi? Quelle
idée doit-on s'en faire?

Il prétendait être le parti de la noblesse; cependant, dès ses premiers actes, on est frappé de
voir à quel point sa tactique, ses « moyens » res-
semblent à ceux des avocats. Il se sert des mêmes
armes, parle le même langage, semble appar-
tenir à la même école.

Comme les avocats, les gentilshommes sont
peu nombreux : 19 au début, jamais plus de 60;
or, 300 nobles siégeaient aux Etats de Bourgogne.
Comme eux, ils suivent toutes les impulsions
d'un comité, dont l'âme est un certain marquis
de Digoine, personnage remuant et louche, fort
mal fait pour représenter la fleur d'une riche
province (1). Comme eux, c'est à l'opinion populaire, si naïve alors, qu'ils s'attaquent, et par les

---

(1) D'après l'intendant Amelot, c'était un homme perdu de ré-
putation, chassé des deux corps où il avait servi, sans biens,
sans crédit, résolu à se faire un nom dans cette querelle, ou « à
noyer la Bourgogne avec lui ». (Arch. nat. B⁰ 36, lettre du
19 mars). Mais Amelot hait en lui le principal agent du parti
parlementaire, et son témoignage est suspect.

mêmes moyens, flatteries électorales, étalage de vertu civique, manœuvres compliquées, mandats et pouvoirs usurpés : car on prétend représenter le second Ordre de la province comme les avocats le Tiers, et avec aussi peu de droit ; la commission permanente de la Noblesse de Bourgogne siégeait alors même à Dijon, entre deux sessions des Etats ; et jamais le vicomte de Bourbon-Busset, son président, ne daigna même répondre aux avances de Digoine (1). Même réserve de la part de l'Evêque et du Clergé. Seuls le Parlement et la Chambre des Comptes ne cachent pas leur sympathie pour ce parti, dont le comité secret se réunissait dans l'hôtel du Premier Président de Bevy lui-même. Et, en effet, sauf quelques fourvoyés qu'on avait soin de mettre en vue, cette faction, comme celle des avocats, sortait du Palais (2). Elle se recrutait presque toute dans les familles de robe, comme la faction contraire dans la Basoche et le barreau. C'est la faction du parti parlementaire et « philosophe », si bruyant la veille encore, alors dépassé et assagi, et qui ne gardait de son passé révolutionnaire qu'un langage emphatique, des allures sournoises, et une vision très nette de l'abîme où courait le Royaume.

Une phrase prononcée le 23 janvier suivant à l'assemblée des officiers du bailliage de Chalon par un membre du groupe révolutionnaire, fait bien comprendre la situation relative des deux factions des avocats et des parlementaires : pour dé-

(1) Nous désignerons désormais ce parti, pour plus de commodité, par le nom qu'il se donne à lui-même : la Noblesse de Bourgogne. Mais il ne faut pas oublier qu'il ne formait pas le tiers de cette noblesse, et le tiers le moins noble.

(2) Lettres d'Amelot, de Gouvernet, de La Tour du Pin la Charce, etc. (Arch. Nat. B⁵ 36).

cider les magistrats à signer la requête des
avocats de Dijon, l'orateur des avocats leur
tient ce langage remarquable : Souvenez-vous du
28 mai dernier; « ce que vous fîtes l'année der-
« nière annonce ce que vous allez faire aujour-
« d'hui » (1). Ainsi le mouvement de décembre
1788 est bien, aux yeux du parti, la suite naturelle
de celui de mai : ce sont deux phases de la
même campagne. Or, en mai, le parti avait à sa
tête un état-major qu'il perdit ou exclut depuis :
c'était cette même noblesse de robe, ces mêmes
parlementaires si fort malmenés six mois plus
tard, alors l'idole de la Basoche, ivres de popula-
rité, et se servant pour ébranler l'autorité du roi
des mêmes hommes, des mêmes cadres, des mêmes « moyens » secrets et puissants, qu'ils ju-
geaient si dangereux en décembre. Ainsi les parlementaires avaient comploté avec les avocats;
avant de les combattre, ils avaient fait campagne
à leurs côtés. Voilà pourquoi les deux partis ont
même organisation et même tactique : ils ont
même origine; — voilà pourquoi les parlementaires voient si clair dans le jeu des avocats, et ont
si peur d'eux : ils ont joué le même jeu six mois
plus tôt, en connaissent les règles savantes et ca-
chées, dont la première est de ne jamais dire où
on va, et soupçonnent les avocats de vouloir aller
très loin; — voilà pourquoi enfin le peuple, le
clergé, la plus saine partie de la noblesse, le roi
lui-même, n'ont pas peur et ne voient rien : ils ne
sont pas initiés.

(1) Arch. Nat. Bᵃ 36, liasse 6. On sait qu'en mai 1788, quand
Brienne voulut supprimer les parlements, des troubles éclatèrent
partout à la fois, et en juin le roi dut céder devant une sorte de
grand complot de la Basoche en faveur des parlementaires.

Ainsi la lutte que nous allons suivre a un caractère et même un nom spécial : nous sommes en
présence d'une de ces *épurations* qui marquent
les différentes étapes de la Révolution. En novembre 1788, le parti décide de jeter par-dessus
bord les parlementaires, comme il fit plus tard des
amis de Malouet et de Mounier, puis de Mirabeau
et de sa coterie, puis de la faction Duport-Lameth,
et ainsi de proche en proche jusqu'à l'avènement
de la Terreur.

.•.

Du 15 au 25 janvier, les parlementaires préparent
leur campagne en comité secret. Le 20, une trentaine d'adhérents, invités le 17, leur viennent de
la province. Le 23, ils se font envoyer par un
maire de village une liste des griefs du Tiers.
On intitule cette pièce « doléances du troisième
« ordre des Etats de Bourgogne » ; on la discute ;
on souscrit généreusement à tous ses articles, un
seul excepté, sans doute pour garder les vraisem-
blances ; et on publie le procès-verbal de cette
séance mémorable. Le procédé est théâtral, mais
les concessions sérieuses, il faut le reconnaître :
abandon des privilèges pécuniaires, libre élection
de tous les députés du Tiers aux Etats, où jusque-
là les maires de certaines villes siégeaient de
droit, en un mot tout ce que la noblesse pouvait
accorder, sauf le doublement du Tiers et le vote
par tête, c'est-à-dire sa propre suppression :
comme un équipage en danger, elle jetait la car-
gaison à la mer pour sauver le navire. On discute
ensuite un projet de réformes administratives à
soumettre au Tiers, le cas échéant. On arrête
enfin un plan d'action fort semblable à celui des

avocats : une requête en cinq articles demandant l'égalité de l'impôt et le maintien de la constitution sera proposée aux trois ordres de Dijon, puis de leur part à toutes les villes de la province, et enfin mise aux pieds du roi au nom des Etats de Bourgogne.

Ces mesures prises, le 25 décembre, après dix jours de conférences secrètes chez le président de Bevy et aux Cordeliers, les parlementaires entrent dans la lice et jettent le gant aux avocats : ils convoquent solennellement le clergé, les magistrats du bailliage et les corporations de la ville, en vue de leur communiquer « les résolu- « tions que la noblesse a prises pour l'union et le « bonheur des trois ordres de la province, et « les engager à concourir avec elle aux diffé- « rents moyens nécessaires pour parvenir à ce « but » (1).

L'assemblée se tint le 27 décembre, aux Cordeliers. Dès le premier coup d'œil, les parlementaires purent juger qu'ils n'avaient aucun secours à espérer de leurs anciens ennemis : de la part de la noblesse, personne n'était venu ; et de celle du clergé un seul chanoine, et encore fut-il désavoué le lendemain par son chapitre.

Restaient les corps et corporations : tous leurs députés étaient là, quelque soixante ou quatre-vingts artisans et petits commerçants, rassemblés sous l'œil inquiet d'une dizaine d'avocats et de procureurs. Pour qui seraient leurs bonnes grâces ? Laquelle des deux factions aurait l'adresse d'attirer dans ses cadres et de soumettre à son mot d'ordre l'irrésistible masse des moutons de

(1) *Arch. Nat.* B³ 36, 1. 2

Panurge? Personne à ce moment ne pouvait le dire, et les chances étaient égales.

Il n'est pas sûr en effet que le peuple fût encore bien convaincu de la nécessité d'une révolution politique. Les requêtes de décembre, même les cahiers de mars, parlent des réformes administratives, fiscales surtout, plus que de Révolution.

L'impôt commun égal pour tous, c'est-à-dire moins lourd pour lui, voilà ce que demandait le peuple ; et que ce bien lui vînt des partisans ou des adversaires du vote par tête aux États, peu lui importait. La noblesse qui venait offrir d'elle-même l'abandon de ses privilèges, avait donc l'avantage sur les avocats, qui ne pouvaient que le réclamer : et une fois d'accord sur ce point, il était à craindre qu'on ne s'entendît sur les autres : les États provinciaux seraient maintenus avec des réformes libérales, les privilèges pécuniaires supprimés, et la révolution avortait. Or, le plus sûr moyen d'empêcher les gens de s'entendre est de les empêcher de s'expliquer : les avocats y réussirent avec beaucoup d'adresse.

En premier lieu, tout en couvrant de fleurs la noblesse et ses généreuses intentions, ils profitèrent de leur mainmise sur les corporations pour éveiller leur méfiance, et leur conseillèrent de défendre à leurs députés de répondre à la noblesse ni de rien signer, avant d'en avoir référé à leurs commettants. Simples mesures de prudence, peut-on dire : en fait, manœuvre capitale, qui allait décider du sort de la bataille.

L'assemblée du 27 décembre se tint avec beaucoup de « décence » comme on disait alors. Le comte de Vienne, président, prêcha l'union des

ordres et le respect des vieilles lois. Le marquis
de Digoine, secrétaire du bureau, fit valoir les
sacrifices de la noblesse, puis enfin donna lecture
des cinq articles proposés au Tiers et en demanda
la discussion immédiate. Mais ici l'orateur des
avocats, pris d'un scrupule qu'il n'avait pas eu en
pareil cas le 14 décembre à l'Hôtel de Ville, déclara
ne pouvoir répondre avant d'avoir consulté son
ordre. Les députés des autres corps firent comme
lui : ils n'avaient pas de pouvoirs, disaient-ils.
Les gentilshommes déçus et penauds ne purent
en tirer un mot de plus, et en furent ce jour-là
pour leurs frais de rhétorique et de civisme. Il
fallut se résigner, et on ajourna l'assemblée au
surlendemain.

C'était plus qu'il n'en fallait à chaque délégué
pour consulter ses commettants; cependant un
procureur demanda trois jours de plus : en effet les
avocats n'avaient pas trop de quatre jours pour
achever la manœuvre qu'ils méditaient. Le comte
de Vienne eut la faiblesse d'accorder ce nouveau
délai.

Le plus fort du danger était passé; les avocats
pouvaient reprendre espoir et se mettre au travail
avec confiance; en effet la noblesse avait démas-
qué ses batteries, sans gagner de terrain. Ses
positions étaient connues, ses offres allaient être
discutées, dépréciées, travesties, sans lui avoir
acquis une seule adhésion qui pût lui donner
prise sur l'opinion.

Les quatre jours si adroitement gagnés furent
bien employés par le parti révolutionnaire :

A peine la séance finie, l'ordre des avocats est
convoqué en grande hâte. Il nomme un comité
d'action, toujours le même — à trois noms près

pourtant : mais le premier soin des commissaires est de s'adjoindre de leur chef les manquants, sous ce prétexte que « dans les matières d'une si « grande importance on ne pourrait réunir trop de lumières ». Puis, la cabale une fois de plus au complet, et munie de nouveaux pouvoirs, on s'enferma chez le bâtonnier Morin où on besogna fiévreusement quatorze heures par jour sans désemparer. Le 29, à 10 heures du soir, un rapport sur les cinq articles de la noblesse et un projet de réponse étaient prêts.

Alors recommence de point en point la curieuse série de manœuvres, que nous avons suivie du 3 au 11 décembre. L'ordre est convoqué d'abord, le 30 au matin; on lui soumet la réponse et le rapport; il les approuve.

On passe ensuite aux autres corps, mais avec des précautions infinies pour s'effacer, ménager les amours-propres, et mener les gens où on veut sans leur laisser voir qui les guide. C'est un procureur, au nom de sa corporation et de plusieurs autres (1), qui se présente vers midi devant l'ordre des avocats encore assemblé, pour le prier de discuter en commun les cinq articles de la noblesse : inutile de dire qu'il fut bien reçu. Le soir même, à 4 heures, l'assemblée a lieu dans la grande salle de l'Université. Elle entend et approuve la réponse, et l'en-

---

(1) Ces corporations étaient-elles nombreuses? le procès-verbal publié par les avocats se contredit : Il parle ici de « plusieurs corporations »; plus loin de « toutes, sauf deux ou trois »; et plus loin encore il dit que « plusieurs corporations » approuvèrent la réponse, et qu'« un grand nombre d'autres » n'adhérèrent qu'après coup; ce qui fait penser que ces « plusieurs » étaient en petit nombre. Cette dernière hypothèse est la plus conforme à la tactique du parti, qui procédait par petites assemblées successives, et aux circonstances : car on n'avait eu que quelques heures pour convoquer l'assemblée du 30 décembre.

voie imprimée à chacune des corporations absentes avec prière d'y adhérer.

Cette réponse est rédigée avec la mauvaise foi cauteleuse qui caractérisa depuis la manière jacobine. Le grand danger, nous l'avons vu, pour les avocats, était de se laisser voler par la noblesse leur grand et unique moyen d'action sur l'opinion : l'égalité de l'impôt. Les deux partis se disputaient le même tremplin électoral. Les avocats cherchent aux gentilshommes des querelles d'allemand : la noblesse, disent-ils, offre de partager les impôts en argent, la taille, les vingtièmes, etc. — Mais il y a aussi des impôts en nature : la corvée, le logement des gens de guerre, la milice? — Or, la corvée se payait en argent depuis cette année même et les nobles l'acceptaient sous cette forme. La milice et le logement n'étaient pas des impôts, mais des charges évidemment incompatibles avec la qualité de gentilhomme, — et d'ailleurs légères. Autre chicane : la noblesse consentait à payer « tous les impôts qui seront accordés par les Etats du royaume ». Prenez garde! répondent les avocats : on ne vous parle que des impôts « accordés par les Etats » : et si les Etats n'en accordent pas de nouveaux? s'ils se bornent à maintenir les anciens? bref, on laissait doucement entendre que la noblesse, « cet ordre respectable » jouait sur les mots et bernait le peuple, — insinuation mensongère d'abord : les gentilshommes s'étaient expliqués sur ces points l'avant-veille aux avocats eux-mêmes, et sur leur demande (1), — et ensuite trop facile à démentir, comme on le fit d'ailleurs

(1) Le 28 décembre. Arch. Nat. B⁰ 36, liasse Dijon II, pièce 21. Extrait du procès-verbal de la noblesse.

avec indignation, — mais trop tard : le mensonge avait vécu la demi-journée nécessaire aux agents des avocats pour entraîner les dernières signatures, et le 31 décembre, jour fixé pour l'assemblée, la réponse de leur comité était devenue celle du Tiers de la ville.

L'assemblée eut lieu, mais il n'y eut pas de délibération : les réponses des corps étaient tout écrites, et les députés n'eurent qu'à les déposer sur le bureau, défilant derrière le député des avocats, sous les yeux des gentilshommes atterrés : une fois de plus ils étaient joués, la délibération qu'ils cherchaient éludée ; une fois de plus ils trouvaient les avocats entre eux et les corporations. Le 27, la délibération n'était pas possible, parce que les députés n'avaient pas de pouvoirs ; le 31 elle était inutile : leur réponse était déjà rédigée. On avait jugé la noblesse sans l'entendre. Ses propositions avaient bien été présentées au Tiers et discutées : mais sans elle, travesties et falsifiées de parti pris par ses adversaires ; et ses propres assemblées ne lui avaient servi qu'à prendre acte de ses défaites.

Désespérant d'atteindre les corporations, les gentilshommes s'humilient jusqu'à demander leurs conditions aux avocats triomphants : Digoine écrit à Morellet, président du comité, pour offrir une transaction et demander des conférences. La réponse de Morellet est d'une logique, d'une correction, et aussi, pour qui connaît les dessous, d'une ironie implacable : la réponse, écrit-il à Digoine, a reçu l'adhésion des corps. Elle ne doit donc pas être « regardée comme l'œuvre des avocats seuls » : le Tiers l'a signée, le Tiers seul, convoqué tout entier, peut la changer. Le comité n'a pas même le droit d'assembler dans ce but l'ordre des avocats.

On ne raille pas plus cruellement un ennemi à terre. Les gentilshommes indignés éclatent enfin, et se donnent du moins le plaisir de dire leur fait aux avocats : « Celles des corporations », écrit Digoine à Morellet, « qui s'en sont rapportées à « l'ordre des avocats, savent *que MM. les avocats* « *sont les maîtres de décider l'union de la no-* « *blesse au Tiers état*, et que s'il ne résulte au- « cun bien des propositions de la noblesse, *le* « *blâme en tombera sur les membres de l'ordre* « *des avocats qui ont décidé le corps entier au* « *refus*. Que d'ailleurs c'est décidément l'avis du « corps des avocats que MM. de la Noblesse de- « mandent , sauf à elle à recevoir l'adhésion des « corps et corporations ; et dans le cas où ils ne « voudraient pas donner ce soir leur ultimatum, « et *autoriser leurs députés à finir, MM. de la* « *noblesse leur déclarent qu'ils sont décidés à* « *protester contre tout ce qui pourrait arriver* « *contre l'ordre et le bien public* » (1).

Les parlementaires n'avaient pu non pas convaincre, mais même parler au Tiers. Ils tentèrent du moins avant de se séparer, de secouer la torpeur du gouvernement et de lui ouvrir les yeux. Le comte de Guiche et le marquis de Lévis furent députés à Versailles avec une protestation contre la suppression des ordres (2). Mais le roi ne voyait leurs efforts que par les yeux de l'inten-

(1) Arch. Nat. B. 36. liasse 3, p. 13, les phrases soulignées le sont dans la lettre de Digoine.

(2) Voici un passage de cette adresse : « Si les deux premiers ordres consentaient à ne former par leur réunion qu'un nombre de voix égal à celui des députés du troisième pour voter par tête dans ces assemblées, il n'existerait plus réellement qu'un

dant Amelot, mortel ennemi du Parlement de Dijon, depuis l'affaire des grands Bailliages (1).
M. de La Tour du Pin-Gouvernet, commandant
de la province, décrété de prise de corps quelques mois plus tôt par ce même Parlement, ne
les servait pas mieux. Leurs avertissements
firent peu de bruit. Le 5 janvier, ils établirent un
comité permanent à Dijon, et se séparèrent dé-
couragés.

IV

A peine vainqueurs de la noblesse parlementaire, les avocats de Dijon eurent l'agréable sur-
prise de voir leur succès confirmé par le roi lui-
même : le 1er janvier parut le fameux Résultat
du Conseil du 27 décembre 1788 : le roi, contre
l'attente générale, contre l'avis des notables,
accordait au Tiers le doublement. Ce coup de folie
plongea dans la stupeur tout ce qui gardait un peu
de sens et de clairvoyance : à quoi bon doubler
les voix du Tiers, si on lui refusait le vote par
tête? Et comment le refuser après une pareille
concession, alors qu'on faisait fi des deux seules
raisons à donner de ce refus : le respect des lois,
et la décision des notables? C'est aux efforts per-

seul ordre dans l'Etat ; le clergé et la noblesse ne devraient
plus être considérés alors comme deux ordres, mais comme deux
corps d'autant plus dangereux qu'en coopérant à un pareil système, ils seraient libres, en se réunissant au Tiers état pour sou-
tenir des prétentions incompatibles avec le bonheur du peuple,
de plonger leur patrie dans les désordres de la Démocratie la
plus funeste, ou par une marche opposée de se précipiter avec
elle dans le despotisme le plus complet. » (Bibl. Nat. Lb, 39, 903).

(1) On sait que le roi, poussé à bout par l'obstruction des
parlements, avait tenté de les remplacer par des cours de jus-
tice nouvelles, nommées par le gouvernement.

sonnels de M. Necker que le parti révolutionnaire devait ces étrennes inespérées. Cette fois encore M. Necker ouvrait la porte au parti, de gaîté de cœur. Comme toujours d'ailleurs, la porte bien ouverte, il mit courageusement en travers sa grosse et placide personne. Comme toujours aussi le flot des envahisseurs le couronna de lauriers et le mit respectueusement de côté; et il céda devant la force, avec le sentiment du devoir accompli. On s'explique comment la reine en vint à détester cet homme respectable.

Cependant les avocats de Dijon, pleins d'une nouvelle confiance, reprennent où ils l'avaient laissée la campagne interrompue trois semaines auparavant par l'attaque des parlementaires.

Le plan n'a pas changé dans ses grandes lignes : il s'agit toujours d'une requête à faire signer et d'assemblées à provoquer dans toute la province. Mais on voit combien la Révolution a marché pendant ces trois semaines, et quel pas lui a fait faire la fatale décision du roi.

Pour la requête d'abord, on en compose un nouveau canevas, plus net, plus clair, laissant mieux voir le vrai but, qui est d'empêcher à tout prix que le Tiers soit convoqué, représenté et consulté dans la province suivant la forme ordinaire, avant les Etats généraux. Si les députés de la Bourgogne à l'Assemblée nationale sont nommés par les États de la province, comme le veut la loi du pays, tout est perdu : la noblesse et la haute bourgeoisie se retrouvent dans leurs cadres naturels, ressaisissent la tête du mouvement, font les larges réformes qu'elles offrent déjà, et le parti, mis en minorité, retombe à l'état de faction sans pouvoir et sans crédit sur les

foules. Il faut donc obtenir du roi ou l'ajournement des Etats de Bourgogne, et l'élection par
baillage, comme elle se fait dans les pays d'Elec-
tion, ou une réforme immédiate de ces Etats sur
le modèle de la nouvelle Assemblée du Dauphiné,
c'est-à-dire assurant au Tiers l'élection au scrutin,
le doublement et le vote par tête.

Et si la requête est plus nette, les moyens sont
plus hardis : en décembre on n'avait pas cru
pouvoir se passer des officiers municipaux, chefs
officiels et gênants : ils étaient rarement affiliés
au groupe des meneurs, manquaient de zèle, re-
gimbaient même quelquefois, à Dijon par exemple.
En janvier, on décide de les écarter : la requête
sera répandue au nom des corporations elles-
mêmes et non plus du maire et des échevins;
elles s'assembleront de leur propre autorité. Enfin
dans le cas où le roi maintiendrait, fût-ce pour
cette fois seulement, les Etats sous leur forme
actuelle, on décide que « les corporations se pré-
« senteront à MM. les officiers municipaux pour
« demander l'assemblée du Tiers de la ville, à
« l'effet d'être par lui élus librement et par la
« voie du scrutin les représentants qu'il a droit
« de députer aux Etats, et qu'à défaut par MM. les
« officiers de déférer à cette demande, les corpo-
« rations protesteront contre la tenue des dits
« Etats. » — Autrement dit, l'émeute et la révolte.

Telles sont les nouvelles résolutions auxquelles
le Tiers de Dijon souscrivit le 18 janvier. Inutile
de dire qu'il ne fit qu'y souscrire, sans rien discuter ni changer — l'orateur des avocats, Morellet,
ayant demandé qu'on adhérât « sur-le-champ » —
et que ni la requête ni le plan ne venaient de
lui.

L'Assemblée du 18 janvier n'était que le résultat d'une série de démarches et de réunions préparatoires que nous voyons commencer dix jours plutôt.

Le 8 janvier, aussitôt débarrassé de la noblesse, le comité des avocats s'étant fait donner de nouveaux pouvoirs par son Ordre, avait arrêté les grandes lignes du nouveau plan. Le 11, il avait fait approuver ce projet à une assemblée peu nombreuse — trente personnes au plus — où les gens de Loi étaient en majorité; on avait eu soin cependant d'inviter quelques commerçants députés de leurs corps; mais ces nouveaux venus furent peu gênants : ils ne parurent que pour déléguer leurs pouvoirs au procureur Savolle, un des affiliés, qui prit le titre de « procureur élu des corporations. »

Cette précaution prise, on rédigea le plan et la requête qui furent imprimés et distribués au nom des corps représentés le 11, à beaucoup d'autres, qui adhérèrent séparément.

Alors seulement l'assemblée du 18 fut convoquée et tenue : elle n'était, on le voit, que la confirmation officielle de décisions déjà prises.

Et, le Tiers de Dijon gagné, la campagne se poursuit dans la province comme au mois précédent. Le même travail des groupes affiliés dans les villes et bourgs mène aux mêmes résultats. Mais là aussi le ton est plus haut : « Le Tiers a porté ses vues plus loin (1). » On se passe du maire quand il ne veut pas venir, comme à Bar-sur-Seine; on ne dissimule plus sa reconnaissance au comité des avo-

(1) Délibération des habitants de Baigneux-les-Juifs, 28 janvier. (Bᵃ 37, liasse 6.)

cats de Dijon (1). Les assemblées, d'ailleurs toutes semblables à celles de décembre, se tiennent dans un plus grand nombre de villes (2).

Enfin, progrès important, le parti s'attaque aux campagnes.

Fidèles à leur tactique, les avocats prennent des hommes de paille pour lancer leur requête ; les échevins de Genlis, village à deux lieues de Dijon, où sans doute quelque membre du groupe avait des biens, sont choisis. Ils signent une circulaire qu'on envoie de leur part aux villages (3), en les priant de députer à une assemblée générale fixée au dimanche suivant.

Cinq jours plus tard, le 25 janvier, les députés de 32 communautés des bailliages de Dijon, Auxonne et Saint-Jean de Losne arrivent à Gen-

---

(1) Le procès-verbal de Chalon parle même des « délibérations « prises par l'ordre des avocats de Dijon et de Chalon les 11 et « 18 de ce mois. » Ainsi on avoue l'entente.

(2) En voici la liste complète avec les dates des adhésions :

Clergé et Tiers de Saint-Jean-de-Losne....	11	janvier.
Tiers de Cuisery.........................	15	—
— Saulieu	16	—
— Paray............................	17	—
— Montcenis........................	—	—
Avocats d'Autun.........................	—	—
Officiers du bailliage de Semur-en-Auxois.	18	—
Tiers de Charolles.......................	—	—
— Auxonne........................	—	—
— Mont-Saint-Vincent..............	—	—
— Verdun	—	—
— Chalon..........................	19	—
— Avallon.........................	—	—
— Montbard........................	—	—
— Saint-Brice	—	—
— Nolay...........................	20	—
— Montrevel	23	—

(Arch. nat., B⁴ 36, liasse 3.)

Enfin le Tiers d'Auxerre adhère le 2 février; celui de Louhans le 1ᵉʳ.

(3) La voici : « Messieurs, nous avons honneur de vous prévenir que, dimanche prochain 25 janvier, les députés de plus de quarante communautés s'assembleront à Genlis pour délibérer

lis (1). On se réunit à la maison commune. A ce moment, deux des principaux membres de la Chambre des Comptes se présentent, se font connaître, et essayent à force de menaces de rompre l'assemblée. Mais les paysans se fâchent au lieu de s'intimider, menacent de jeter les magistrats à la rivière et déclarent « qu'il ne fallait pas « qu'on vînt rechercher celui qui recevait leurs « délibérations ». Et cette personne discrète, que le procès-verbal ne nomme pas, accomplit sa mission sans autre incident. Les échevins de Genlis président, comme il est juste ; mais c'est « un habitant de ce lieu », autre personnage anonyme, qui se charge de haranguer l'assistance, à peu près en ces termes : mes concitoyens, le roi jette un regard paternel sur ses fidèles communes ; il veut qu'elles soient consultées ; *qu'elles nomment des députés aux Etats généraux en nombre égal à ceux du clergé et de la noblesse réunis.* Il n'y avait que cette voie pour nous tirer de l'oppression où nous sommes plongés par l'inégale répartition des impôts qui pèsent encore plus sur les habitants des campagnes que sur ceux des villes (suit un effrayant tableau de ces impôts). S'ils sont si

avec nous relativement aux intérêts du Tiers état. Nous demanderons au roi la moitié des voix et du pouvoir aux Etats de la province pour que nous puissions défendre nos droits et obtenir une diminution d'impôts en faisant partager le fardeau aux prêtres et aux nobles. Nous avons la plus forte espérance de réussir. Notre délibération sera jointe à une requête au roi.

Nous vous invitons, Messieurs, à vous réunir à nous. C'est le bien public. Envoyez un député avec votre pouvoir et votre échevin.

Nous sommes, etc.

les habitants et échevins de Genlis. »
(Arch. nat. B⁴ 36. liasse 6).

(1) 15 autres communautés, s'il faut en croire le procès-verbal de l'assemblée, qui ne les nomme pas, n'auraient pu députer à cause des grandes eaux de la Saône.

lourds, la faute en est aux administrations, au clergé et à la noblesse. On pouvait croire, après la décision du conseil du 27 décembre, que les deux premiers ordres accepteraient une forme convenable des Etats : il n'en est rien ; ils prétendent conserver les anciens. Il est donc nécessaire que vous fassiez connaître vos intentions.

Ce discours entendu, on décide que le roi sera remercié d'avoir accordé le doublement, et supplié d'achever son ouvrage en accordant le vote par tête et les mêmes réformes aux Etats de la province. On demande en outre que les curés soient représentés aux Etats « relativement à « l'importance de leur ministère, eux-seuls con- « naissant parfaitement les maux qui affligent « leurs paroisses et la détresse des campagnes ».

D'autres assemblées de paysans suivirent celle de Genlis, à Chaussin, par exemple où le curé se charge de la besogne : il fait signer la délibération à 6 communautés, le 6 février (1). Le président de Saint-Seine écrit au ministre le 4 février qu'il se tient des assemblées dans « beaucoup de « très gros villages de la province où un notaire « ou un autre personnage en crédit dans le pays « propose de signer une délibération que la plu- « part de ces villageois ne comprend pas » (2).

Il faut remarquer le dernier article de la requête de Genlis, à l'endroit des curés; on le retrouve dans toutes les requêtes semblables; il nous révèle une fois de plus l'admirable esprit de conduite du parti, qui agit toujours par calcul, jamais par instinct. Il était peu de gens plus mal faits pour s'entendre que des petits Catons de présidial, lettrés,

(1) Bª 37. liasse 6.
(2) Bª 36. liasse 4.

pédants, fiers de leurs « lumières », et des curés
de campagne à demi paysans ; car ces curés
n'étaient même pas « philosophes » à la manière
de tant de religieux d'alors, qui couraient les
mauvais lieux et les loges maçonniques ; leur foi
souvent grossière était intacte, et malgré quelques accès de turbulence, ils gardaient le respect
de leurs évêques : on le vit à trois ans de là,
quand ils refusèrent en masse le serment, au prix
de leur avoir, de leur tranquillité et souvent de
leur vie. Et pourtant les avocats, en ce mois de
janvier 1789, se mettent partout à leur faire des
avances : c'est que les curés sont les maîtres des
villages ; sans eux, point de prise à espérer sur
l'esprit des paysans. Il faut donc à toute force
gagner les curés, et le parti tout entier se décide à
prendre ce « moyen » si peu conforme à ses
goûts. Ce fut peut-être son plus beau coup, un de
ceux du moins qui témoignent le mieux de sa dis-
cipline.

Les curés sont ignorants et malheureux : on les
grise de logique égalitaire sous prétexte de retour
au christianisme primitif, on exagère leurs plain-
tes, d'ailleurs justes. Par une heureuse coïnci-
dence, M. Necker, quoique protestant de Genève,
est pris de tendresse pour ces « humbles pas-
teurs »et leur donne une voix par tête aux élections du clergé tandis que les chanoines en ont
une pour dix électeurs, lesréguliers une par communauté : c'était assurer la majorité au bas-
clergé, et mettre la guerre civile dans le premier
Ordre. Le parti se charge du reste : les avocats
entrent en relation avec les mauvaises têtes du
diocèse, organisent des assemblées, donnent aux
curés des différents diocèses le moyen de corres-

pondre et de s'entendre (1). Le succès fut complet, les élections du clergé un scandale de fraude et d'intrigue : car les curés, novices en la matière, malgré les avis des avocats qui leur prêchaient le secret, cachèrent à peine leurs complots. Le haut clergé fut battu, et l'ordre se trouva représenté presque uniquement par des curés de campagne, et par les plus bruyants c'est-à-dire les moins respectables de tous. Sans doute les pauvres gens, révolutionnaires à fleur de peau, furent vite dégrisés : dès 1790 nous les voyons s'en retourner un à un dans leurs provinces, quittant cette assemblée où ne restèrent bientôt plus que des demi-défroqués. Cette alliance contre nature n'avait guère duré que six mois ; mais c'était assez pour donner le branle aux campagnes.

.•.

Cependant le jeu si serré des avocats, et le silence de l'autorité, qu'on prenait pour de l'assentiment, commençaient à produire leur effet. La révolte est dans l'air pendant ce mois de février. A Dijon, des placards anonymes affichés la nuit ou colportés dans les cafés dénoncent aux outrages du peuple tout ce qui n'est pas du parti des avocats, le maire, la noblesse et les anoblis, les membres du Parlement, de l'Université, des corporations dissidentes (2). Ils sont conspués à la comédie,

---

(1) C'est ainsi qu'à Chalon les curés de six diocèses différents purent s'entendre assez bien pour réunir au premier scrutin toutes leurs voix sur les mêmes noms.

(2) Voici en quels termes : « Ils méritent d'être hués, vilipendés par le peuple... ils doivent être chassés des Sociétés comme infâmes, traîtres et mauvais patriotes ». Il s'agit d'un docteur de l'Université et d'un imprimeur, coupables d'avoir

insultés aux bals masqués pendant les jours gras, au point que le Parlement songe à interdire les fêtes.

Dans les campagnes, des curés se mettent à prêcher que « tout ce qui venait sans culture, prés ou « bois, appartenait au premier occupant (1) ». Les avocats répandent des imprimés pour exciter les paysans à refuser l'impôt, et les asséeurs de la taille n'osent plus se présenter dans les villages (2).

Ainsi l'anarchie s'étend graduellement aux villes, puis aux campagnes, suivant le plan si nettement conçu et si méthodiquement appliqué par les avocats. Et leur audace croît avec le suc-

---

fait signer à leurs corps la requête de la noblesse. Le Parlement est un « serpent venimeux ». Le maire, « le vil Mounière, par- « venu par l'intrigue et le parjure à la place qu'il occupe », doit être destitué par le peuple. Les anoblis sont entrés dans le corps de la noblesse « par derrière comme un remède ». Ces grossièretés n'empêchent pas d'ailleurs le pédantisme du style : « Noblesse hautaine et inconsidérée », dit un placard du 10 fé- vrier, « jette un regard sur ce qui se passe en Bretagne, et « tremble que le jour sans doute très prochain de notre résur- « rection générale ne soit celui de ton annihilation éternelle « *Di talem avertite casum.* » (*Arch. nat.*, Bª 36, liasses 3 et 4).

(1) Lettre de M. de Gouvernet du 8 février. (Bª 37, liasse 8), cf. II 207ª p. 33 : les paysans des environs de Chalon, excités par leurs curés, déclarent que si les asséeurs de la taille se pré- sentent, on les assommera.

(2) Dans les villes, on colporte de longs états des impôts, très détaillés, et pleins de mensonges, dit M. de Gouvernet, qui ré- fute un de ces états en ce qui concerne ses appointements de commandant de la province.

Quant aux paysans, on se contente de leur distribuer des im- primés d'une page, en gros caractères et faciles à lire, où il est dit que les impôts viennent d'être énormément augmentés en Bourgogne pour l'année 89 par la commission des Etats; que la faute en est à la noblesse et au clergé, et que le Tiers portera tout : c'est le « coup mortel » pour lui (H 207ª, p. 31). Tout cela est faux : la commission intermédiaire des Etats, effrayée de l'agitation croissante, a, au contraire, réduit les dépenses au strict nécessaire : elle s'est bornée à remplacer la corvée en na- ture par une contribution en argent, selon les vœux du Tiers lui-même, sans ajouter un sou à la taille (H 207ª p. 33).

cès. Les Etats de Bourgogne, dans leur forme actuelle, peuvent gêner leur propagande : il faut donc les changer ou les supprimer, et sur-le-champ ; et ils le demandent au roi lui-même ; et leurs députés sont reçus à Versailles ; et le roi tarde à convoquer les Etats. Allait-il prendre au sérieux la requête du Tiers, ajourner *sine die* les Etats de Bourgogne ? M. Necker, sans force contre les assemblées séditieuses, allait-il en retrouver pour interdire l'assemblée régulière, dernier espoir du parti de l'ordre ?

La seule idée d'un pareil danger rend l'énergie du désespoir à la noblesse parlementaire. Elle juge imprudent d'attendre les Etats pour tenter son grand effort, et se remet en campagne sur-le-champ.

Au premier bruit de l'assemblée de Genlis, la commission restée à Dijon se hâte de répandre dans les villages une circulaire où elle déclare pour la quatrième fois renoncer aux privilèges pécuniaires ; les villages n'entendent rien. Le jour de l'assemblée, le président de Vevrotte, comme nous l'avons vu, va se faire injurier par les paysans à Genlis, en vrai « don Quichotte de la noblesse » dit un pamphlet. Le lendemain 26 janvier, la noblesse écrit au ministre pour protester : « On permet, on autorise, on suscite « l'assemblée des dernières corporations, qu'on « cherche à tromper et séduire par tous les « moyens possibles. » Elle dénonce les avocats, « qui par un esprit de cabale, d'intrigue et d'inté- « rêt particulier cherchent à porter le trouble non « seulement dans les villes, mais encore dans les « campagnes... la noblesse croit devoir avertir un « ministre aussi juste, aussi éclairé que vous

« d'une étincelle qui peut exciter un grand incen-
« die (1). » Elle menace de faire remontrance en
corps, si on persiste à dédaigner ses avis. Le
27 janvier enfin, elle prend un parti désespéré,
ajourné jusque-là, qui donne la mesure de son
effroi. La foule des secrétaires du roi et officiers
de toute sorte à qui leur charge donnait le droit de
porter l'épée, sont déclarés membres du second
Ordre, et invités à délibérer dans ses rangs le
15 février. C'était porter d'un coup le nombre des
nobles aux États de 300 à 2.000 (2), et noyer le
corps de l'ancienne noblesse dans une cohue
d'anoblis.

Les nouveaux nobles de Dijon sont convoqués
sur-le-champ, et adhèrent au plan de la noblesse
dans les premiers jours de février. Cette assemblée supplie le roi de fixer les États au 30 mars;
et sur son ordre, le marquis de Digoine s'en va de
ville en ville animer le zèle des groupes parlementaires et leur faire signer des requêtes semblables;
nous suivons sa trace à Chalon, à Auxerre, à
Autun, Châtillon, Charolles, Beaune, etc., où
gentilshommes et anoblis s'assemblent en secret
comme à Dijon, et partout, sauf à Charolles, re-
çoivent le mot d'ordre du Comité de Dijon.

Cependant, les députés de la noblesse à Versailles, MM. de Vienne et de Lévis, appuyés par
le prince de Condé, redoublaient d'instances. Le
3 février enfin, M. Necker sortit de son silence :
ce fut pour défendre à la noblesse de s'assembler
le 15 février. M. de Lévis, indigné, répond, le
soir même, qu'elle obéira si on fait la même dé-

----

(1) *Arch. nat.*, B³ 36, liasse 3, p. 20.
(2) Chiffres donnés par M. de Gouvernet dans une lettre à
Necker.

fense au Tiers. Le ministre écrit alors à l'intendant Amelot « d'empêcher s'il était possible les
« assemblées des paroisses… et de faire tous ses
« efforts pour calmer le Tiers état. » Voici
comment cet ordre si mollement donné fut obéi :
l'intendant fit répandre une circulaire *anonyme*
en forme de lettre à un curé, conseillant doucement au Tiers d'imiter la noblesse, et de renoncer
à ses assemblées. Et ce fut tout. « C'était », écrit-il
à un des ministres, « le seul moyen qui fût en
« mon pouvoir d'employer, car je ne réussirais en
« aucune manière à user d'autorité vis-à-vis des
« communautés. »

On juge de la joie des avocats : une appro-
bation déclarée leur en eût moins donné. La
noblesse pousse les hauts cris, envoie au ministre
la circulaire d'Amelot avec un commentaire qui
en fait ressortir la maladresse perfide et voulue,
exige qu'elle soit démentie : on ne lui répond pas.
Et depuis ce moment, Amelot ne perd pas une
occasion de lui nuire à Versailles. Dès le 10 février, il écrit au ministre que tout est perdu si les
Etats de Bourgogne se tiennent. Il le met au fait
des moindres démarches des gentilshommes, qui,
à l'entendre, vont mettre le feu à la province, en
réduisant le Tiers au désespoir ; et, quant aux
assemblées de plus en plus nombreuses et me-
naçantes de ce Tiers lui-même, il en parle le
moins possible ; à ses yeux, le mal n'est rien, les
menées des avocats sont des jeux d'enfants ; c'est
le remède qu'il faut craindre ; le seul danger pour
l'ordre établi vient du parti qui fait profession de
le défendre (1).

(1) Cette attitude de l'intendant est difficile à expliquer. La
noblesse l'accuse ouvertement de comploter avec les avocats ; on

Ces efforts eurent un plein succès : au début sans doute, on croirait aux lettres de M. Necker que l'ajournement des Etats n'est même pas en question, et le roi répond avec un certain étonnement à M. de Lévis qu'il n'a jamais songé à les empêcher. Mais M. Necker les fait retarder de semaine en semaine. Puis surviennent les embarras de la convocation aux Etats généraux, les troubles des élections : elles se font en Bourgogne par bailliages, comme le voulaient les avocats. Cependant on réserve la question des Etats : le 30 mars encore, le roi promet de les convoquer.

Enfin le 9 avril seulement, les élections finies, à trois semaines des Etats généraux, le roi écrit de sa main au commandant de la province une lettre embarrassée, où il remercie la noblesse de sa fidélité, et lui marque tout son chagrin de ne pouvoir décidément convoquer les Etats de Bourgogne avant le mois de mai : le temps manque. Mais il n'y aura pas là de précédent pour l'avenir, et le principe sera maintenu (1).

Le parti révolutionnaire avait atteint son but : en empêchant les Etats de s'assembler, en brisant les anciens cadres, il ôtait aux premiers ordres tout moyen de résistance et d'action sur le Tiers ; car ces ordres n'en avaient pas, en dehors des

dit même que les pamphlets séditieux envoyés de Paris pour soulever la province passent par ses mains. Ce sont là d'évidentes calomnies : il n'a ni le langage ni les allures d'un vulgaire agitateur. D'autre part sa mauvaise foi, son parti pris d'exagérer les torts des parlementaires et de dissimuler ceux des avocats sont flagrants dans ses lettres ; et des rancunes personnelles ne les expliquent pas : la basoche elle aussi, à la suite du Parlement, avait déclaré la guerre à l'intendant en mai. La conduite de l'intendant Amelot, comme celle de Bertrand de Molleville, en Bretagne et de tant d'autres hauts fonctionnaires de ce temps reste un mystère.

(1) Arch. nat., B*, 36, liasse 5, p. 24.

formes traditionnelles et régulières, et, sauf la faction parlementaire, n'étaient pas organisés en partis. Et non seulement la province n'avait pas été consultée sous la forme légale, mais à cette forme les avocats avaient su, nous avons vu avec quel art et quelle discrétion, en substituer une autre de leur choix, plus compliquée, au moins aussi artificielle, mais bien plus favorable à leurs vues. Et consulté selon leur méthode, le Tiers répondit selon leurs vœux : il demanda le vote par tête aux Etats généraux, et y envoya les meneurs du parti.

Nous n'avons pas à raconter les élections elles-mêmes, ni comment le parti sut manœuvrer au milieu de la foule naïve et ignorante des électeurs. Disons seulement que les lettres de convocation le trouvèrent comme toujours en armes; ces lettres sont publiées le 26 février; le 22, les avocats font assembler le Tiers. On déclare que, vu le grand nombre des adhésions, la délibération du 18 janvier est devenue le vœu du Tiers de la province. Puis on songe à l'avenir; il est nécessaire de rédiger un projet de cahier « sans attendre le moment où les citoyens seront assemblés pour consommer leur rédaction. » Et ce travail est confié à une commission où siègent nos anciennes connaissances : le médecin Durande, le procureur Gillotte, les avocats Durande, Volfius, Minard, Larché.

Quand les électeurs s'assemblèrent quinze jours plus tard, des personnes complaisantes, pour leur rendre la besogne plus facile, vinrent leur présenter un cahier tout rédigé, où se trouvaient les demandes particulières qu'ils comptaient faire, et plusieurs autres d'un intérêt général, auxquelles ils ne voyaient pas d'inconvénients. Le cahier fut adopté et ses obligeants auteurs nommés de la commission qui devait rédiger celui du baillage. Et c'est parmi eux encore que le Tiers choisit ses députés. Vollius fut nommé au premier tour, Renault au second, Navier, puis Durande suppléants. Hernoux, le troisième député, était du groupe affilié de Saint-Jean-de-Losne. Le quatrième est un cultivateur : on dut faire cette concession aux campagnes. A Chalon, à Autun, à Auxerre, le succès fut le même.

.
. *

Quelles conclusions peut-on tirer de tout ceci? la première et la plus certaine est que, malgré le nombre des documents, nous sommes bien mal renseignés sur un mouvement si vaste, si récent, qui a eu tant de conséquences et laissé tant de traces. En effet, notre principale source est la série des procès-verbaux du Tiers : or, ces procès-verbaux se trouvent être, en fin de compte, tous rédigés dans le même sens, par des gens concertés pour atteindre le même but. Ils ne sont pas sincères. Ils se démentent eux-mêmes, à les considérer tous et de près. Ils cherchent à faire prendre le change sur l'origine véritable du mouvement, à donner des résultats pour des causes, et taisent le plus intéressant.

L'histoire d'une campagne électorale doit renseigner sur deux points : 1° l'état réel, brut, de l'opinion populaire; 2° le mécanisme, les moyens d'action des partis qui essayent de la tirer à eux. Nous sommes réduits aux conjectures sur l'un et l'autre de ces points.

Sur l'état de l'opinion d'abord, nous n'avons

que des renseignements négatifs; voici les principaux :

Dans aucune ville de Bourgogne, ce ne sont les officiers municipaux en décembre, ni les corporations elles-mêmes en janvier, qui ont décidé la tenue ni fixé la date de l'assemblée du Tiers : cette assemblée est convoquée au moment où la petite faction des gens de lois affiliés au groupe de Dijon juge le moment venu de la demander, retardée quand ce retard leur paraît utile. Pendant l'assemblée elle-même, ce n'est pas l'éloquence de l'un des assistants qui entraîne les autres dans un bel et sincère élan d'enthousiasme : une bonne partie d'entre eux est prévenue de ce que va dire l'orateur; cet orateur est désigné d'avance, et sa claque est prête. Ce n'est pas enfin l'assemblée qui discute et arrête elle-même les articles de la requête; tout est déjà discuté et décidé. Avant elle, une bonne partie des corporations présentes a déjà voté ces articles; et avant les corps de métiers, les gens de loi; et avant les gens de loi, l'ordre des avocats; et avant cet ordre un groupe plus restreint encore, déjà constitué et agissant, si haut qu'on remonte, qui lui-même n'a fait que suivre les instructions et adopter la requête du Comité de Dijon, alpha et oméga de toute cette campagne. — Et à chacune de ces assemblées, on a présenté la requête comme l'œuvre de la précédente; et on s'est servi de son adhésion pour entraîner celle de la suivante; et chacune de ces étapes a été marquée par des manœuvres et des intrigues simultanées dans tout le royaume, au point qu'on les croirait concertées.

Ainsi l'assemblée de ville, longuement racontée par les procès-verbaux, n'est que le résultat d'un long travail que ces procès-verbaux nous dissimulent : l'édifice achevé, on fait disparaître les échafaudages. — Or il est évident que c'est ce travail préparatoire qu'il importe de connaître. L'assemblée elle-même n'est guère qu'une parade : il s'agit de savoir où, par qui et comment cette parade fut montée, d'où venait l'initiative, pourquoi on ne nous le dit pas, pourquoi ces manœuvres compliquées, cette gradation d'assemblées, ce qu'on y a dit et fait, de qui venaient les motions et comment elles étaient reçues.

C'est là, dans ces assemblées de corps convoquées et dirigées à leur insu avec tant de suite et d'art par une poignée de robins, que se fit la véritable consultation du Tiers, — ou se forgea ce qui en tint lieu. C'est là qu'on pourrait juger de la force du mouvement, de son vrai caractère, de la mesure où il fut sincère, spontané, populaire. C'est là qu'on se retrouverait sur le vrai terrain de l'histoire, en présence du jeu naturel des intérêts et des ambitions.

Sans détails sur ces assemblées, nous ne pouvons faire qu'une remarque : il est singulier qu'un mouvement d'opinion si fort, au dire des avocats, ne se soit jamais manifesté en dehors d'eux et de leurs formules. Qu'ils aient donné corps et figure à la colère des corporations dans plusieurs villes, rien de plus naturel. Mais ne serait-il pas naturel aussi que d'autres villes aient agi de leur propre mouvement? Or nous n'en avons pas d'exemple.

Si on remarque en outre qu'ils n'ont pas réussi partout, que les adhérents à leur « plan » sont rarement nombreux, les meneurs affiliés toujours une poignée, si on songe aux peines et au temps que coûta ce succès moyen, et d'autre part à l'indifférence des autorités et des classes aisées, on voit que le succès des idées nouvelles venait moins de leur propre valeur que du savant système de propagande de leurs partisans, et que ce parti si discret a joué un plus grand rôle qu'il ne voulait le laisser dire.

Malheureusement, s'il nous trompe sur les vrais sentiments du peuple, il nous cache ses propres manœuvres. Ici encore, nous sommes réduits à tâtonner.

Que savons-nous du parti lui-même et de sa campagne? — D'abord et surtout, qu'il l'a dissimulée; qu'elle s'est faite discrètement, sournoisement, dans les cafés, dans les « sociétés ». Qu'elle est compliquée, et dirigée avec beaucoup de suite et de méthode, par des gens fort versés dans l'art si nouveau de manier les assemblées, à voir du moins leur adresse à les circonvenir, à les surprendre, à les entraîner l'une par l'autre; que ces gens, les mêmes pendant toute la campagne, sont peu nombreux, qu'ils savent où ils vont, et que ce but très hardi est fixé, sinon avoué dès l'origine : c'est la suppression des deux premiers ordres, qu'ils haïssent d'une haine implacable, beaucoup plus que le peuple: enfin qu'ils forment des groupes unis et concertés d'un bout de la province à l'autre, marchant la main dans la main avec un ensemble qui montre que leur entente date de loin : on n'organise pas un parti aussi fort en quelques jours, ni même en quelques mois, au temps des diligences, des barrières provinciales et des villes privilégiées et rivales.

En un mot, ce que nous savons du parti et de son système de propagande est plus fait pour exciter que pour satisfaire notre curiosité.

Taine, au début de son livre sur la Révolution, cite un passage curieux de Montjoie, au sujet des émeutes de mars 1789 : « Les contemporains « ne savent que penser d'un tel fléau ; ils ne com- « prennent rien à cette innombrable quantité de « malfaiteurs, qui, sans chefs apparents, semblent « être d'intelligence pour se livrer partout aux « mêmes excès, et précisément à l'instant où les « Etats généraux vont entrer en séance ».

L'auteur répond à la question par cette belle métaphore : « C'est que, sous le régime ancien, « l'incendie couvait portes closes ; subitement la « grande porte s'ouvre, l'air pénètre, et aussitôt « la flamme jaillit. » Doit-on se contenter de cette explication ?

Paris. — Imp. F. Levé, 17, rue Cassette.

www.ingramcontent.com/pod-product-compliance
Lightning Source LLC
Chambersburg PA
CBHW071007280326
41934CB00009B/2208